साथ तुम

ओम प्रकाश तिवारी

अंजुमन प्रकाशन

Title : Raag Tum
Author : Om Prakash Tiwari

Published By-
Anjuman Prakashan
942, Mutthiganj, Prayagraj, 211003
www.anjumanpublication.com
anjumanprakashan@gmail.com

Price in India: 250/-

Printed and bound in India.
First published by Anjuman Prakashan in 2025

Cover & Typeset by Anjuman Prakashan

ISBN : 978-81-19562-05-3

समर्पित

तुमको
क्योंकि
तुम्हारी
कभी न ख़त्म होने वाली
प्रतीक्षा में
अब तक
साँसें
चल रही हैं।

परिचय

नाम	: ओम प्रकाश तिवारी
पिता	: स्व० गया प्रसाद तिवारी
माँ	: कान्ति देवी
उम्र	: 60 वर्ष
जन्मतिथि	: 15 जुलाई 1965 ई0
शिक्षा	: बी०ए० एल.एल.बी. इलाहाबाद विश्व विद्यालय इलाहाबाद
पता	: गाँव - कूराडीह, पोस्ट - हरिहरगंज, निकट रेल्वे स्टेशन - माँ बाराही धाम, जिला -प्रतापगढ़ (उ०प्र०)
सम्प्रति	: वकालत पेशा
स्थान	: जनपद न्यायालय प्रतापगढ़ (उ०प्र०)
मोबाइल	: 9793156078

भूमिका

शिक्षा पूरी होने के पूर्व, तुमसे मुलाकात हुई। ये सही नहीं होगा, अपितु इसके पहले, जब मैं इस लायक हुआ कि अनंग की समझ सकूँ, उससे ठीक पहले प्रेम किया तुमसे। यह आश्चर्य जनक अनुभव था। तुम्हारी वंचना, या कह सकता हूँ कि तुम्हारे छल के बाद, मैंने अनंग की परिभाषा का अर्थ जाना, और उस कथा को, अब तक की सबसे उपयोगी, सबसे आवश्यक, सबसे सुन्दर कथा के रूप मे जान सका, जिसमें कामदेव को भस्म करके, उन्हें अनंग नाम दिया जाता है, उस रूप में जीवन का अधिकार प्रदान किया जाता है; यह भी जीवन की एक श्रेष्ठ गति है। अद्भुत योग है। हो सकता है कि यह रहस्य आत्मसात् करना दुष्कर हो, परन्तु असंभव नहीं है। इतना अवश्य है कि यह सांसारिक नहीं है।

काव्य के सिद्धान्त,
काव्य साहित्य के इतिहास के कालखंड
आदि काल, भक्तिकाल रीतिकाल
आदि; वाद में विभाजन
छायावाद, प्रगतिवाद, प्रयोगवाद
आदि;

शैली, व्यंजना, छन्द आदि, ये सब कुछ मैं नहीं जानता मुझे ये पता नहीं कि मैं जो लिख रहा हूं वह कविता है या नहीं वह काव्य के लक्षणों से युक्त है या नहीं। शब्दों का प्रयोग समुचित है या नहीं, किसी वाद मे, या नयी कविता अकविता आदि में इसको जगह मिलती है या नहीं।

मैं इन उलझनों से परे हूँ। मैं
लिखता हूँ तब
जब तुम और तुम्हारी स्मृति मुझे इसके लिये
विवश करती हैं।
तब,

मुझे नहीं पता होता कि मैं क्या लिख रहा हूँ
मुझे नही पता होता कि ये शब्द किसी अन्य को
कुछ दे सकते है;
मुझे नहीं पता होता कि ये कविता है. कि नहीं।
मुझे याद रहती हैं कुछ चीजें जैसे -
तुम्हारा साथन पाने की व्यथा
इस समय
मुझसे दूर
तुम कहाँ होंगी
इस अनुमान के साथ
संलिप्त पीड़ा
इस दर्द से लड़कर
जीतने का,
अपना अस्तित्व
बचाने का
जीने का
उपाय
इस दशा में,
जो शब्द प्रकट होते हैं
उनको लेकर ही
लेखनी को आदेशित
करता हूँ
ये शब्द वहीं हैं।

ओम प्रकाश तिवारी
गाँव - कुराडीह पोस्ट -हरिहरगंज
जनपद - प्रतापगढ़ (उ०प्र०)
दिनांक - 11-2-2025

अनुक्रम

1.
अत्र तुम

मैं
अपने समक्ष
पूरे शहर को
बौना पाता था
चींटियों की तरह
रेंगते लोगों को
अपना मोहताज
समझता था

सौंवी मंजिल के ऊपर
खड़े होकर
हँसता था।

संतृप्त मेघ
मेरे केश भिगोते थे
मेरे कदमों के नीचे
तैरते हुए
मुझे इन्द्र पद की
बधाई देते थे
हवायें

मेरे आदेश का
अनुपालन करती थीं

तड़कती बिजलियाँ
मेरा
राजतिलक करतीं थीं

यह सब तब
जब
पहली बार
मुझे
निर्निमेष देखते हुए
तुमने
प्रणय के तार जोड़े

मेरे
अहंकार को साँसें मिलीं
यह
क्षण-क्षण पुष्ट हुआ

मुझे
यह भी लगा
कि
सृष्टि का सृजन
मेरे ही हुक्म से
जिसने किया है
मेरे
और
तुम्हारे लिये किया है

कि
ये फूल
मेरे
और
तुम्हारे लिये खिलते हैं

कि
ये पंछी
मेरे
और
तुम्हारे लिये गाते हैं

कि
ये दरख़्त
मेरे
और
तुम्हारे लिये झूमते हैं

कि
ये नदी
मेरे
और
तुम्हारे लिये बहती है

कि
ये उनींदी - ठण्डी सुबहें
मेरे
और
तुम्हारे लिये मुस्कुराती हैं

कि
ये नीरव-चाँदनी रात
मेरे
और
तुम्हारे लिये प्रसरित होती है

कि
ये पहाड़
मेरे
और
तुम्हारे लिये गगन को छूते हैं

कि
ये घटायें
मेरे
और
तुम्हारे लिये पृथ्वी पर उतरती हैं.

कि
ये धूप
मेरे
और
तुम्हारे लिये कभी मीठी-कभी कड़ती होती है

कि
ये तारे
मेरे
और
तुम्हारे लिये महफ़िल सज़ाते हैं

कि
ये चाँद
मेरे
और
तुम्हारे लिये
कभी बनता-कभी मिटता है

कि
ये सागर
मेरे
और
तुम्हारे लिये तरंगित होता है।

जब
पहली बार
तुम
मेरे साथ
चल रहीं थीं
धुली हुई निर्जन सड़क पर

सूरज
रह-रह कर
बादलों के हेलमेट
पहनता था
उतारता था

मैं
तुम्हें छूने में
संकोच कर रहा था
तुम भी शायद

मैं
कुछ कहने से डर रहा था
तुम भी शायद

किन्तु,
मेरे लिये तुमसे सुन्दर कुछ भी नहीं था
तुम्हारी आँखें
केश
अधर
परिधान
स्पन्दन
या अन्य कुछ

मसलन
तुम्हारा चलना
रुकना
मेरी तरफ देखना
हँसना
नाराज़ होना

ये सब
इतना उन्मादी था
जितना
कुछ और नहीं हो सकता

तब
मैं
बेहद उजाला महसूस करते हुए
घने अँधेरे में
डूब रहा था

अति
अन्धकार की हो
या
प्रकाश की
दोनों में
दृष्टि उतनी ही
नाकाम होती है

ठीक वैसे
जैसे
मैं
कुछ देख नहीं पाता था
सिवा तुम्हारे।

2.
सिर्फ़ तुम

मैं
प्रायः अन्यमनस्क होता हूँ

पता नहीं क्यों
मुझे/नहीं मिल पाता
वह सब
जो
मैं चाहता हूँ

जैसे कि बर्फ से लदे
गगनचुंबी पहाड़
पहाड़ों के बीच
एक घना जंगल
फूल-पत्तियाँ
कुछ सख्त - कुछ नरम
काँटे

गुदगुदाती हुई
ठण्डी हवा
मन्थर गति से चलती
शान्त नदी
सागर का रेतीला तट

उन्मत्त - उच्छृंखल तरंगे
रिटायर नावे
अलसायी सुबहें
सुरमई साँझ
दूधिया रातें
चहचहाते पखेरु
कुञ्जों से ढँका
एक छोटा-सा
घर
और
तुन
सिर्फ़ तुम।

(अंक मई, 1993, कादम्बिनी में प्रकाशित)

3.

तत्र तुम

मैं
ठीक उस जोगी की तरह
जो
दूसरे किनारे पर
स्थिर बैठा
ध्यान करता है

नदी के किनारे
तमाम दिन
अचल बैठा

तुम्हारे घर के
हर कमरे
हर कोने में जाकर
तुम्हें देखता हूँ

कि
तुम
किचेन में
अपनी माँ का साथ दे रही हो

तुम्हारे माथे पर
पसीने की बूँदे हैं
मोती की तरह
और
तुम्हारी निहायत नरम हथेलियाँ
गुलाबी हुईं हैं

चेहरे पर रक्तिमा
और
थोड़ी-सी सिकुड़न है

कि
तुम
अपने छोटे भाई पर
क्रुद्ध होकर
बार-बार
अपनी एक वेणी
झटक रही हो
मीठी आवाज़
तल्ख़ हुई है

कि
तुम
संगीत सुन रही हो
तुम्हारे केश खुले हैं
जो
बहुत काले
घुँघराले हैं
बेंत की पुरानी कुर्सी पर बैठकर

उन किताबों में से कोई
पढ़ रही हो
जो
मैंने
तुम्हें दिया है -
काफ्का के उपन्यास
टॉल्सटॉय की कहानियाँ
या
अभिज्ञान शाकुन्तलम्

बरामदे में
एक पिंजरा टँगा है
यह रिक्त है
इसमें
जंग लग गया है
इसे
साफ नहीं किया जाता
इसे
रंगा नहीं जाता
क्योंकि
यह
एक क़ैदख़ना है
मेरे शरीर की तरह।

4.
सर्वत्र तुम

मैं
लेक्चर थियेटर में
पीछे बैठकर
तुम्हें देखता था
अपलक

जब
अल्पाइन श्रेणी
टे थिज
और
हिमालय की उत्पत्ति पर
व्याख्यान होते

तुम
आगे की कतार में
अपनी टेबल पर
कुछ झुकी रहतीं

मैं
सोचता था
कि
मैं समुंद्र हूँ
मुझमें

प्रलयंकारी गर्जना के साथ
उत्ताल तरंगे
उठ रहीं हैं

यह कि
मैं
कच्छप होकर
सुमेरु को
अपनी पीठ पर
टिकाया हूँ

कभी यह कि
मैं पर्वत हूँ
किसी की अंगुलियों पर
मथानी बनकर
नाच रहा हूँ

कभी यह कि
मैं वासुकि बनकर
रस्सी की तरह
लिपटा हूँ

कभी यह कि
मैं देव हूँ
कभी
असुरं
द्विविधा में
कभी फण को पकड़ता हूँ
कभी
सुरों में शामिल होता हूँ

इसके पूर्व
कि
सत्
मेरे गले से
नीचे उतरे

तुम्हारी
कँवल-पखुड़ियों जैसी
आँखों से
करोड़ों सूर्य की
रोशनी फैलाता
चक्र
निकलता

जो
मुझे दो खण्डों में
बाँट देता
ऊपर प्रेम
नीचे भ्रम

इस तरह
हर रोज़
मेरा
वध होता था।

5.

राग तुम

मैं
हर दिन नहीं
कभी-कभी साँझ को
पश्चिमी आकाश को देखता हूँ
जहाँ
धीरे-धीरे
सूरज अस्त होता है

दक्षिण से उत्तर
पंछियों की
सीधी सड़क है
जिस पर
उनकी कतारें होती हैं
उनके पंख
एक साथ
लगातार हिलते हैं
वो
आपस में बातें करते हैं
मुझे देखकर
छोटा-छोटा सिर
हिलाते हैं
शायद
'बॉय' करते हैं

मैं
हँसता हूँ
शायद
वो भी

मेरे सामने
दूर तक
कहीं सफेद
कहीं भूरी
रीती ज़मीन होती है
जिस पर
रेत के आइसबर्ग
नज़र आते हैं

छिटके बादल
रंग बदलते हैं
कभी पीला
कभी लाल
कभी गुलाबी

ये फ़ितरत है
सचल की
अचल की
चेतन की
जड़ की
बादलों के कैनवस पर
मेरी आँखें
अपनी मर्जी के
चित्र
बनाती हैं
मिटाती हैं-
जैसे -

सोने की पहाड़ियाँ
थमा हुआ काफिला
गुब्बारे वाला
सूँड़ उठाता हाथी
लाफिंग बुद्धा
आग की नदी
घुड़सवार सेना
नाचती वधूटियाँ
सेंटाक्लाज की टोली
फूलों के ढेर
जलती चितायें
गुलाबी शहर
तुम्हारा आँचल
सत्य को तलाशती
सन्देह ग्रस्त ज्यूरी
वगैरह

तब
मेरे साथ होता है
मेरा
नालायक मन
और
तुम।

6.

गीत तुम

मैं
जब
शून्य में दौड़ता हूँ
निरभिमान
निरुद्देश्य
निर्द्वन्द्व

तब
मेरे साथ
मेरे आस-पास
एक लड़की होती है
वह
देखने में अच्छी है
क्योंकि
उसके अतीत का पता नहीं है

मैं
उसकी भाषा नहीं समझता
उसके गीतों में
व्यथा
विछोह
के भावार्थ जानता हूँ

वह कहती है -
बहुत कम उम्र में
उसके रिश्तों की
मौत हो चुकी है

वह मेरी तरह
अकेली है

वह मेरी तरह
इन्सान की पहुँच से
दूर होना चाहती है

वह मेरी तरह
निरर्थक सोचती है

वह
मेरी तरह
बेसबब
दुःखी रहती है

वह
मेरी तरह
दिमाग पर
ग़ैर ज़रूरी बोझ उठाती है

वह
मेरी तरह
हृदय का
इस्तेमाल करती है

वह
मेरी तरह
खुद को
गलाती है

वह
मेरी तरह
क्षमा करने की
भूल करती है

वह
मेरी तरह
दया करने की
बेवक़ूफी करती है

वह
मेरी तरह
त्याग की
तकलीफें ढोती है

वह
मेरी तरह
दूसरों के इल्ज़ाम
अपने सिर लेती है

मेरी तरह
दूसरों के अपयश की
चादर ओढ़ती है

वह
मेरी तरह
दूसरों की पीड़ा से
तड़पती है

वह
मेरी तरह
बादल में खुलने वाले
गवाक्षों में
किसी को तलाश करती है

वह
मेरी तरह ही
प्रेम के देवता पर
आघात करके
उन्हें
टुकड़ों में बाँटना
पसन्द नहीं करती

मैं
उसे
खुद से दूर करता हूँ
क्योंकि
वह
मूर्ख है

उसे
चालाक
बुद्धिमान
और
हुनरमंद
होना चाहिये था
तुम्हारी तरह।

7.
संगीत तुम

मैं
विनत होता हूँ
प्रार्थना करता हूँ

आकाश से
जो
मुझे
जीवित रहने के लिये
जगह देता है

हवा से
जो
मुझे
साँसे देकर
मेरे भीतर
स्वयं को जलाती है

अग्नि से
जो
मुझमें समाकर
अनावश्यक को
भस्म करती है

पानी से
जो
मुझे
प्राण प्रदत्त करने के लिये
अशुद्ध होना
स्वीकार करता है

पृथ्वी से
जो
मुझे सृजित होने के लिये
जरूरी
समिधा बनती है
अपनी अगुवाई में
मेरा
पोषण करती है

पंछियों से
पशुओं से
जिन्हें
मैं गुलाम बनाता हूँ
जिनका
कत्ल करता हूँ
और
इसे सही ठहराने के लिये
अपने
झूठे श्रेष्ठत्व के गीत
रचता हूँ

कीट
पतंगों से
जो
मेरी
असहजता से
निर्ममता से
हर रोज़
मारे जाते हैं

उत्साही पौधों से
वृक्षों से
वनस्पतियों से
जो
मेरी खुदगर्जी का
शिकार होते हैं
और मैं
अपने पक्ष में
मिथ्या तर्क गढ़ता हूँ

मनुष्य से
जो
मुझे
दुख पहुँचाने के लिये
नीतियाँ बनाते हैं
उन्हें
क्रियान्वित करने की
कोशिशें करते हैं

शब्दों से
जिन्हें
मनमाने ढंग से तोड़कर
मरोड़कर
व्यथित करता हूँ
इसलिये
कभी
अपमान के
कंठोर-काँटे बनकर
मुझे
सतत चुभते हैं

सौन्दर्य से
जो
मेरी दोषी दृष्टि से
मैला होता है
बचने के प्रयास में
बेरुखी से
मुँह फेरता है

परम उजाले से
जो
मुझे
उल्लास से भरता है

घने अंधेरे से
जिसके
होने पर
तुम्हारी
असहनीय याद आती है

ग्लानि से
जो
मेरे स्पर्श से
तुम्हें
कभी हुई होगी

शर्म से
जो
मेरी
निर्लज्ज आँखों से
तुम्हारे चेहरे पर
रक्त बनकर
झलकती थी

आँसुओं से
जो
मेरे अनाकर्षक नेत्रों से
बरबस
बेवज़ह गिरते हैं

उनसे
जो
प्रकट हैं

उनसे
जो
अव्यक्त हैं

अनन्त से
जिसे
देखने के लिये
मैं
जितनी सीढ़ियाँ चढ़ता हूँ
उतनी
बढ़ती जाती हैं

उनसे
जो
शेष रह गये

इन
सबसे
क्षमा माँगता हूँ
ताकि
मिल सको मुझे
तुम।

8.

साज़ तुम

मेज़ पर
तुम्हारी प्रवंचना का सबूत
तुम्हारा आख़िरी ख़त

फड़फड़ा रहा है
जैसे
आहत पंछी के पंख

कराह रहा है
जैसे
अँधेरी कोठरी में
उसाँस छोड़ता
निर्दोष क़ैदी

अक्षर
जैसे
तुम्हारे
ठग अधरों से
झरे
फूल-पात

सत्तर
जैसे
तुम्हारे
काजल की
टेढ़ी-सीधी
रेख

किन्तु
मध्य में
आँसुओ में
घुलकर
सिमट गया
यह
एक शब्द
क्या है ?

यक़ीनन
हृदय
ही होगा।

९

सृष्टि तुम

तुम
नहीं जानती थी
की
जब
कभी खुले दिन में
कभी खिली रात में
विशाल
वृक्ष की डाल पर
तुम
अलसाई हुई
लेटती हो

तुम्हारी आँखे
बन्द रहती हैं
कभी-कभी खुल जातीं हैं

चूड़ियाँ
ठण्डी रहतीं हैं
कभी-कभी बज उठती हैं

पायलें
नींद में रहती हैं
कभी-कभी जाग जाती हैं

अधर
चुप होते हैं
कभी-कभी हिल जाते हैं

काले
घुँघराले केश
धरती की ओर
लटकते हैं

तुम्हारा आँचल
बहकता है
उड़ता है
समूची सृष्टि को
आवृत्त
करते हुए

जिसे देखकर
पानी
लहराता है

हवा
हरकत करती है

आकाश
स्तब्ध रह जाता है

जिसे छूकर
कलियाँ
विकसित होती हैं

तारे
टिमटिमाते हैं

विहग
उड़ते हैं

मेघ
टहलते हैं

बनजारे
गाते हैं

मृग
दौड़ते हैं

दरख़्त
हँसते हैं

जिसमें छिपकर
चाँद
झाँकता है
चेहरा
खोलता है
कभी कम - कभी ज़्यादा
जिसकी सुगंध से
मैं
असीम होता हूँ
सर्वव्यापी होता हूँ
व्यक्त होता हूँ

जिसमें
भरता हूँ
मैं
द्वेष के
क्रोध के
युद्ध के
मद के
मोह के
आडम्बर के
दर्द के
कलंकित रंग

जिसमें
लिखता हूँ
उम्मीदों का उपनिषद
इस
टिप्पणी के साथ
कि
सम्पूर्ण पृथ्वी
विजित करने के बाद भी
मेरे लिये
कुछ चीजे
अप्राप्य हैं

अनेक
सिद्धियों के बाद भी
मेरे लिये
कुछ चीजें
दुर्लभ हैं
जैसे कि
तुम
और यह कि

कर्मयोग की पराकाष्ठा
इन्द्रिय दमन
एवं
समाधि की
अनुभूतियों के बाद भी
कुछ लोग
पिपासु रह जाते हैं
जैसे कि
मैं।

10.
परा तुम

तुम
जब
हरियाली बनकर
सर्वत्र
बाहें फैलाती हो
मैं
पत्ते-पत्ते पर
शयन करता हूँ

जब
फूलों में
फलों में
रस
रंग
और सुगंध बनकर
महकती हो
मैं
भ्रमर
खग
चौपाये
और मनुष्य बनकर
उन्हें
अवशोषित करता हूँ

जब
घटा बनकर
बरसती हो
मैं
बूंद - बूँद में
यात्रा करता हूँ

जब
मेरे
प्राण लेना चाहती हो
मेरे
हृदय में विश्राम करती
धर्म की सावित्री
तुम्हें
पराजित
और
निराश करती है

जब
अपनी
निरंकुशता के आघात से
मुझमें
तरंगें पैदा करती हो
मैं
गुरुता का समुद्र
पी कर
अगस्त्य बन जाता हूँ

तुम्हें जानना चाहिये
कि
मैं

धरती की धुरी
सूर्य की ऊष्मा
चाँद की परिक्रमा
सितारों की चादर
हवा का पासवर्ड
अग्नि का ताप
वैतरणी का पुल हूँ

शब्द
मेरे
संकेत पर
चलते हैं
रुकते हैं

मैं
परमाणुओं में
नृत्य करता हूँ

मेरे
बढ़ते प्रसार से
किंकर्तव्यविमूढ
दिशायें
परे हो जाती हैं
अत:
मैं दिगम्बर हूँ
अनन्त हूँ

हत भागिनी !
तुमने
मेरे साथ
दु:ख का हलाहल
पीने से इन्कार किया

इसलिये
अमरत्व तक
नहीं पहुँच सकीं
तुम ।

11.

अपरा तुम

तुम
नहीं जानती हो
कि
ऐसा
ज़्यादातर रातों को
होता है
जब
मैं सोता हूँ
तुम
मेरे साथ-साथ
चलती हो
तुम्हारे आमोद के लिये
मैं
उन स्थानों पर ले जाता हूँ
जिनसे
तुम अपरिचित हो

जैसे -
दधीचियों का नगर
जहाँ
हर तरफ
न्यौछावर के लिये
उत्सर्ग के लिये

उद्यत
घोर साधना में रत
विरक्त हैं
और
हर मोड़ पर
अपने निर्दय पंजे से
उनकी
छाती फाड़कर
अस्थिपंजर निकालने के लिये
इन्द्र
घूम रहे हैं

जैसे -
बंदियों का नगर
जहाँ
हर पाँव में
मजबूत बेड़ियाँ हैं
नाजायज़ परम्पराओं की
जिन्हें
तोड़ने की नाकाम कोशिश में
उम्र गुज़र रही है

जैसे -
निर्वस्त्रों का नगर
जहाँ
दरवाजों से
बेशर्मी झाँकती है
सड़को पर
बाजारों में
नग्नता हँसती है
आचार के ग्रन्थ
कंधे पर ढोते हैं
नंगे उपदेशक

शील
और
सम्मान के बहाने
नंगी तलवारें
रक्तपात करती है

जैसे -
न्याय, का नगर
जहाँ
तहरीर
और
तनकीह होती है
मुद्दई
और
प्रत्यर्थी होते हैं
आरोष
प्रत्यारोप होते हैं

साक्ष्य
और
साक्षी होते हैं
सफाई
और
बहस होती है
अदालत में
आशा का दीप
जलता रहता है
वर्षों बाद होने वाले
अन्तिम निर्णय में अक्सर
दिया
बुझ जाता है

जैसे -
दण्डाधिकारियों का नगर
जहाँ
सत्य को उजागर करने के
अपराध में
मृत्युदण्ड दिया जाता है
आकाश छीनकर
दीवार में
चुनवाया जाता है

हवा छीनकर
गले को कसा जाता है
जीने का हक़
छीनकर
सूली पर लटकाया जाता है
इस तरह
कई बार
मारा जाता है
पहले तुम्हे
तदनन्तर
मुझे।

12.
दर्द तुम

तुम
मुल्जिम थीं
किन्तु
तुम्हारे विरुद्ध
तहरीर
मैंने नहीं
हवाओं ने दिया
जो
हर-क्षण
मेरे
हृदय को छूकर
गुज़रती है

तुम
मुल्जिम थीं
किन्तु
तुम्हारे विरुद्ध
गवाही
मैंने नहीं
बलखाती नदी ने दिया
जिसके
उजले तट पर
तुम मेरे साथ

ज़्यादातर
हुआ करती थीं

बर्फीले
शैल - शिखरों ने दिया
जो
तुम्हें
मेरे साथ
अक्सर
देखा करते थे

मधुर स्वर वाले
पंखेरुओं ने दिया
जिनके साथ मिलकर
तुम गाती थीं
जब
मैं
तुम्हारे पास होता था

सदाबहार वन के
पेड़ों ने दिया
जहाँ
तुम
उमंग में
मेरे साथ
विहार करती थीं

फूलों ने दिया
जिन्हें तोड़कर
तुम
अपने बालों में
लगाती थीं

और
मेरे कोट पर

काँटो ने दिया
जो
मेरी
बेपरवाह अँगुलियों में
चुभते थे
तब
रक्त को पीकर
तुम
उसका प्रवाह
बन्द करती थीं
पूरे चाँद ने दिया
जिससे तुम
प्रेम की भाषा
सीखती थीं
और
सबक याद करने में
तुम्हें
हमेशा
मुश्किल होती थी

ये वज़ह है
कि
तुम्हारे दोष
सिद्ध हो गये
तथा
जो
असल में
सुन्दर है
सहज है

शान्त है
शाश्वत है
सत्य है
जो
अद्वितीय है
अचिन्त्य है
अनश्वर है
अवर्णनीय है
अकथनीय है

उसने
मेरे
न चाहने पर भी
मेरी
आपत्ति के बावजूद
फैसला सुनाया
और
तुम्हें दिया
सज़ा के तौर पर
तनहाई
व
उम्र कैद।

13.
मुक्ति तुम

तुम
जानती हो
उस
पहाड़ी पर
जो
बहुत ऊँची नहीं है
एक
अकेला पेड़ था
यह
पुराना था
वृत्त की तरह
गोल
उसकी छाया घनी थी
जड़ के पास
तुमने
चिकनी मिट्टी का
चबूतरा बनाया था
जहाँ
तुम
बैठती थीं
मेरे साथ

उसकी डाल पर
चिड़िया का एक जोड़ा
होता था
जो
अस्फुट स्वर में
बातें करता था
हँसता था
रोता था
लड़ता था
प्रेम करता था
हमारी तरह

तुम्हारे
जाने के बाद
वृक्ष के पत्ते
ज्ञान की परिपक्वता से
पीले हो गये

ये रंग
समझदारी का प्रतीक है
इसलिये
मुझे प्रिय है

पात-पात सूख गये
टूट-टूट कर गिरे
हर पत्ते पर
एक श्लोक
लिखा होता
कि
देह की तरह ही
इसमें

रहने वाले हृदय में
उद्भूत
प्रेम के भाव,
सत्य नहीं हैं

इसे पढ़कर
चिड़िया का जोड़ा
निराश
हताश
अज्ञात स्थान पर
उड़ गया

वृक्ष
अन्ततः
ठूंठ हो गया

मैं
उसकी
छाया पर
हरियाली पर
पंछी के जोड़े पर
उनकी
आसक्ति पर
मोह पर
विश्वास पर
स्नेह पर

तुम्हारे साथ
समय बिताने की
अपनी मूर्खता पर
निठल्लेपन पर
आवारगी पर

कर्म हीनता पर
युगों तक
चबूतरे पर
बैठकर
हँसता रहा।

14.

दोष तुम

मैं
विश्व-विजय के लिये
निकला था
जब
तुम्हारे कुशब्दों से
अन्तस्तल
जल उठा था

जब
तुमने
प्रेम की
भाव - तरंगों की
हत्या की थी

जब
मेरे ऊपर
चारों तरफ से
कायरों की
प्रत्यंचा चढ़ गई
बाणों की वर्षा होने लगी

तब
मेरे
हजार फण
आग उगलने लगे
अजेय
अमोघ
अस्त्र-शस्त्र
अजस्र चलते गये

मैं
उन्मत्त
उद्भ्रान्त
केवल
खड्ग की भाषा सुनता हुआ
केवल
शत्रुओं के शीश पहचानता हुआ
काटता हुआ
अनेक वन
नदियाँ
समुद्र
द्वीप
पर्वत
मैदान
मरुभूमियाँ
पार करता हुआ
फूलों को रौंदता हुआ
अनवरत
चलता रहा
रण भेरियाँ गूँजती रहीं
शंखनाद होते रहे
रथी
महारथी

और
अतिरथियों के धनुष की
ढंकार उठती रही
कटारें
बजती रहीं
कवच
छिन्न होते रहे
रक्त गिरते रहे

जब तक कि
मैं
अशरीरी नहीं हो गया

जब तक की
मुझे
जानने के लिये
आलौकिक हष्टि की
ज़रूरत
नहीं पड़ने लगी

जब तक की
तलवार से
सम्बन्ध-विच्छेद करके
कवच उतर कर
अश्व को
विदा करके
मैने
पर्वत की गुहा में
प्रवेश नहीं किया

तब
तुम्हारी स्मृतियाँ

मेरे लिये
उतनी ही ग़ैर ज़रूरी
और
निष्क्रिय हो गयीं
जैसे कि
शव।

15.

निर्दोष तुम

मैं
दुमंजिले की खिड़की पर
बैठकर
उन्नत
श्वेत पहाड़ को
देख सकता हूँ
उस पर
फैले हुए
काले बादलों को
देख सकता हूँ

ये बरसात भी
बीते वर्षों की तरह ही
गुज़र रही है

बूंदों की
लगातार रिमझिम से
कुछ दरख़्त
चटक हुए हैं
कुछ
बेरंग

कुछ फूल

खिल गये हैं
कुछ
मुरझाये हैं

कुछ पशु
दौड रहे हैं
कुछ
सिकुड़े हैं

कुछ विहग
बोल रहे हैं
कुछ
चुप हैं

ठीक वैसे
जैसे
मुझे
बारिश में
भीगना पसन्द है
तुम्हें नहीं
मुझे
बादलों का टकराना
अच्छा लगता है
तुम्हें नहीं

मुझे
बिजली
चमकने से
खुशी मिलती है
तुम्हें नहीं

इस तरह

ये पानी है
जो
हमारे भाव
उसके भेद-विभेद
पढ़ता है
परखता है
जाँचता है
भाग-विभाग
करते हुए
रेखायें खींचता है
और
बेहतरीन
तुलनात्मक
निबन्ध लिखता है।

16.

विरक्ति तुम

मैं
तुम्हारे
उन दुर्वचनों के तीर से -
जो
तुमने
मेरे
बदनीयत प्रतियोगियों के बीच कहे -
आहत होता हूँ

अमिट
अमर
अक्षरों से भरे
शून्य से
तुम्हारे अपशब्दों की
तरंगें
उतरती हैं
और रात भर
गर्म धार बनकर
मेरी आँखों से
बहती हैं
लाख कोशिशों के बावजूद
शब्द
बाज़ नहीं आते
रोते हैं

जब
किसी निर्बल पशु
असहाय पक्षी
निर्दोष मनुष्य
निहत्थे पेड़ पर
वार होता है

जब
दुर्जनों द्वारा
एक योद्धा के लिये
कठिन
अगम्य
व्यूह-रचना करके
उसे
रत्ती-रत्ती
मारा जाता है

जब
सत्पुरुष को
ज़हर पीने के लिये
बाध्य
किया जाता है

जब
सत्य को
यातना से भरी
सूली
दी जाती है

जब
सूर्य पर
कालिख लगाने के
यत्न होते हैं

जब
बारूद से
जलते बेगुनाह
प्राण-रक्षा के लिये
महफूज जगह की तलाश में
नाकाम होकर
दम तोड़ते हैं

जब
निरपराध की
गरदन पर
छुरियाँ
चलती हैं

तब
चीख से
समेकित होकर
उठते हैं
मेरी
विवशता
और
पराजय से
लिपटकर
ये शब्द
बे रोक-टोक
बे आवाज़
बेलगाम
रोते हैं।

17.

आसक्ति तुम

मैं
पहली दफ़ा
तुम्हें देखकर
आसमान में
उड़ा
उड़ता ही गया
वहाँ तक
जहाँ
किसी परम के
शुद्ध के
होने की
महज़ अनुभूति हुई

जहाँ
प्रकृति मौन थी
न रंग था
न रूप न गंध थी
न स्वाद था
और
न ही छूवन थी
जहाँ
पर्वत
जल
वृक्ष
फल

फूल
पत्ते
श्वेत थे

वहीं
मुझे
मिला था
अमर पुष्प
जिसकी खुशबू
व्याप्त थी

धरा पर
गगन में
अतल में
नितल में
पाताल में

जो
सदैव
महकता था
ताजा रहता था

तुम्हारे
केश में
लगते ही
मुरझाने लगा
मुझे
विप्रलम्भ के दोहे
सुनाते हुए
उदास हुआ
और
सूख गया

अघ से
असत् से

असंयम से
स्पर्श होने पर
यह
प्राण हीन
सुगंध हीन होगा
यही
इसकी अयोग्यता थी

यह
प्रेम को छिन्न करने के
तुम्हारे
अपराध का
सटीक
प्रमाण था

तब
मैं जान सका
कि
तुम्हारा निष्ठुर छल
मुझ पर
उपकार रहा
क्योंकि
ये विष
मेरे
गले से नीचे
नहीं उतर पाया
और
मैं
नीलकण्ठ हो गया।

18.

प्रात तुम

मैं
हजारों साल पहले
गुफाओं में रहता था
तुम भी

मैं
अपने मजबूत हाथों से
या
पत्थर के हथियार से
तुम्हारे लिये उन
जानवरों को
आखेट में
बेरहमी से
मारता था
जो
कुदरत के लिये जरूरी
और
ताकतवर होते थे

मेरे
रक्तरंजित
शाक्तशाली
निर्वस्त्र

शरीर को देखकर
तुम
हँसती थीं
तुम्हारे साथ
मैं भी

जब
मैं
स्वर्ण महल में रहने लगा
तुम भी
रण में
असंख्य सैनिक
मारने के बाद
खून से लाल खड्ग लेकर
लौह पुरुष की तरह
तुम्हारे समक्ष
खड़ा होता था
तुम
गर्व से तनकर
मुझे
देखती थीं
अपनी बड़ी-बड़ी आँखों से
मेरे पराक्रम को
पुरस्कृत करती थीं

जब
मैं
काँच के बंगले में आया
तुम भी
दीवारों पर
कहीं मृग चर्म होते
कहीं

गैंडो का कपाल लटकता
कहीं बन्दूकें टॅंगती
कहीं तलवारें होतीं थीं
जिन्हें देखकर
तुम
मुस्कुराती थीं
मेरे साथ
घास पर बैठकर
मेरी
सख्त हथेलियों से
खेलती थीं

तब
तुम्हारे
धोखे के आखिरी प्रहार
तक
मेरा अहंकार
मेरी देह में
घर बनाकर
एक और देह बनकर
पलता रहा

मैं
द्वन्द्व
कुसंग
कुतर्क
कुटिलता
के आक्रमणों से
दिग्भ्रमित
सन्मार्ग की तलाश में
भटकता रहा

जब तक कि
महापर्वत के
कदमों में आकर
उसका
ऊँचा शिखर नहीं देखा
जब तक कि
अनपेक्षित
अनचाही देह
गलती हुई बर्फ की तरह
कतरे-कतरे
बहने नहीं लगी

जब तक कि
मैं
केवल
नहीं हो गया।

19.

रात तुम

तुमने
जब
पहली बार
मेरे
साफ हृदय को छुआ
इसमें
अनेक रंग
मैल
बनकर घुल गये
मिल गये
तुम्हारे
अक्स के रूप में

मुझे
सर्वत्र दिखाई देते
तुम्हारे
घने-घुँघराले केश
चंचल आँखें
हिलते हुए
गुलाबी अधर

ठीक वैसे
जैसे

पहली बार
मुझे
एक किताब
दी गई थी
जिसमें
एप्पल से जेब्रा तक के
चित्र थे
ये सीखने में मददगार थे
आँखों के सहारे
स्मृतियों में समा जाते थे

बाद में
चित्र बदलते गये
कठिन होते गये
इंसानों के
जानवरों के

और बाद में
चित्र मिटते गये
अक्षर रह गये

तुम भी
इन चित्रों की तरह
कठिन होती गई
तुम्हारा अक्स
सूक्ष्म से सूक्ष्मतम होता गया
मिटने तक
तुम्हारी तस्वीर
और
तुम

मेरे लिये

उतने निरर्थक होते गये
जितने कि
सेब
चिड़िया
बिल्ली
कुत्ता
अंडा
झंडा
बकरी
मुर्गी
आदि

यहापि
दोबारा
हृदय को धोने के लिये
मुझे
वेदना का
विस्तृत मरुस्थल
पार करना पड़ा
मैं
एक से
अनेक होने के लिये
जितना
विकल था

उतना ही
फिर अकेले होने के लिये
बेचैन हुआ

उस ऊँचाई तक
पहुँचने के लिये
जहाँ

कोई अक्स नहीं हो सकता
जहाँ
आवाज़ नहीं
साँस नहीं
स्पर्श नहीं
क्योंकि
वहाँ
गुण नहीं हैं
न सत्
न रज
न तम
इस तरह
तुम्हें सीढ़ी बनाकर
मैं
निर्गुण तक
पहुँच सका।

20.
जय तुम

मैं
अब
तुम्हारे
नेत्रों के आमंत्रण
केशों की खुशबू
कंगन की खनक
नाज़ुक हथेलियों के स्पर्श
और
झूठे प्रेम के
छलावे में नहीं आ सकता

तुम
मेरे लिये
बेमानी
हो गई हो

क्यों कि
मैं
अब
कर्म से छूटकर
विलग होकर
कर्म की गति के साथ
बहता हूँ

अविरल जल-राशि वाली
निर्मल
पवित्र
नदी की तरह

मैं
अब
पढ़ा जाता हूँ
धर्म
सत्य की परतें
खोलने वाले
आरण्यक की तरह

जिसमें
अलख तक
जाने के
तिलिस्मी द्वार
खोले जाते हैं
जिसमें
मनुष्य से मिलन का
कोई
अध्याय नहीं

पहले
मैं
उन रास्तों पर
दौड़ता था
पिशाच की तरह
जो
किसी मंजिल तक
नहीं जाते

जब
तुम्हारे द्वारा
किया गया
मेरा उपहास
विषैला बाण बनकर
मेरे माथे पर
चुभता था
अब नहीं

पहले
तुम्हारी
बेवफाई के गीत
हज़ार सर्पिणियाँ बनकर
मेरे साथ
हर रात
सोते थे
अब नहीं

पहले
मैं
अपनी
अगणित
अंगुलियों से
चाँद पर
तुम्हारी आँखें
बनाता था
अब नहीं

पहले
मैं
रात भर

तुम्हारे लिये
सितारों के
स्वेटर बुनता था
अब नहीं।

21.

पराजय तुम

मैं
जब
पहली बार
पहुंचा
उस शहर में
जहाँ
तुम थीं
दिशाओं में
मोहक बनकर
तुमसे निकली हुई
सुगंध
फैली थी

तब
मैंने
इस उम्मीद में
कि
पूरी उम्र में
कभी
किसी वक्त
तुम
मेरे साथ हो सको \

कदाचित्
उस एक
अद्भुत
प्रकाशभान
जीवन दायी
ऊर्जा से भरे
क्षण के लिये
तुमको समर्पित
नगर बसाया

जिसमें
तुम्हारी सुन्दरता का गर्व लेकर
उन्नत
बर्फीले पहाड़ बनाया
मुट्ठी में
भरी हुई
तुम्हारी साँसों से
लटकते पुष्प-गुच्छ वाले
पारिजात के
बाग लगाये

मेरे
भीतर समायी
तुम्हारी आँखों से
ठहरी हुई
शान्त
झीलें बनायीं

तुम्हारे अधरों के
स्पन्दन से
अँगुलियों की
थरथराहट से

झरने उतारे
जिसमें
तुम्हारे
रूप के छन्द
लहरें बनकर बहे

तुम्हारी
बिन्दिया
सुबह
काजल
शाम
आँचल
शीतल हवा
बने

सीपियों के
निवेदन पर
तुम्हारे
काले-घुंघराले केशों के
बादल उड़े

मेरी
इच्छाओं की
सहस्त्र रश्मियाँ
ज्योति-पिण्ड
बनकर
रोशन हुईं

तुम्हारे चलने के
तरीके की नकल
धीमी - गति वाली
लहराती

नदी ने किया
जिसमें
प्रशंसा के सारस तैरने लगे

मेरे आँसू
खारे पानी की
रिमझिम
फुहार बने

अन्त में
तुम्हारी
प्रतीक्षा में
व्याकुल
मखमली रास्ते बनाये

जो
मेरी
आँखों की तरह
अब तक
सूने हैं।

22.

मान तुम

मैं
हर दिन
कनेर की डाल पर
बैठने वाले
रंगीन
सुन्दर
छोटे-से पक्षी को
देखता हूँ
पहचानता नहीं
ये परदेशी है

ये
मुझसे
प्रश्न करता है
कि
मैं कौन ?

मैं
उत्तर देता हूँ
कि
जैसे
इसका
और अन्य पक्षियों का

वन में झूमते
वृक्षों का
जंगल में दौड़ते
हिरणों का
कोई नाम नहीं

जैसे
हँसते फूलों का
झिलमिलाती तितलियों का
गुनगुनाते भौंरों का
कोई नाम नहीं

वैसे
मेरा भी

ये
सन्तुष्ट नहीं होता
मेरे उत्तर से

मैं
इसे
अपने बारे में बताता हूँ

यह कि
मैं
जब
अहंकार से संसक्त होकर
काल की परिधि में
दाख़िल हुआ

तब
अव्यक्त से

व्यक्त हुआ
अनन्तर
गुणों से
आवेष्टित होने पर
हैरान हुआ
कि
मैं कौन ?

मैं
इसे
तुम्हारे बारे में बताता हूँ

यह कि
तुमने
जब
अपनी किताब पर
मेरा
नाम लिखा

जब
मुझे देखकर
तुम्हारी हष्टि
तिरछी हुई
तुम्हें शर्म आयी
तुम मुस्कुराई

मेरे स्पर्श से
बचती हुई
दरवाजा बन्द किया
खिड़की से
हाथ
हिलाती रहीं

जब
बिल्कुल ख़ाली कक्षा में
बैठकर
मेरे
इन्तजार में
एक पूरा दिन बिताया
मुझे देखकर
नाराज़ हुई
किन्तु
पल-भर
मैंने
गुलाब
तुम्हारे केशों में लगाया
तुम
हँस पड़ीं

तुम्हारी
मुलायम हथेली
पकड़ने के लिये
मैंने
अपना हाथ बढ़ाया

तब
मेरे अन्तः में
किसी ने करवट लिया
हतप्रभ करने वाले
स्वर में कहा
मैं ?

मैं
सृजन

पालन
और संहार करता हूँ
समय का चक्र
अँगुली पर नचाता हूँ
मिट्टी की
असमान
अनगिनत
गेंद
शून्य में बिखेरता हूँ

मैं
जीवित में
साँसे भरता हूँ
अग्नि की ज्योति
पानी के समन्दर
फैलाता हूँ
आसमान में
बादलों के पैबंद
लगाता हूँ

मैं
प्रेम की
परिभाषायें गढ़ता हूँ
उसकी अनन्यता का
निष्पक्ष
निर्वचन करता हूँ।

23.
अपमान तुम

मैं
रात भर
गवाही देता रहा
चाँद
और उसके साथी
फ़रीकैन की ओर से
पूछे गये
सवालों के
जवाब देता रहा

मुझ पर
आरोप है
कि
मैंने अपनी स्मृतियों में
तुम्हें
शरण दिया है

इस कारण से
मुझमें तड़प है
मैं उद्विग्न हूँ
मैं आदमी से अलग
एक

अजीब-सा आदमी
बन गया हूँ

इस कारण से
मैं
दुःख कोः पीता हूँ
पचाता हूँ
अपमान को
संहता हूँ
चुप रहता हूँ

इस कारण से
ये
समूचा लोक
मेरे लिये
कारागार
हो गया है
आसमान में
किसी
नयी दुनिया का
द्वार
खुलने के इन्तजार में
अधीर
हो गया हूँ

इस कारण से
मैं
अकेलापन पसन्द करता हूँ
रातों को जागता हूँ
निशिचर की तरह
भटकता हूँ
खुद से
बातें करता हूँ

इस कारण से
मुझे डर नहीं है
समाज का
लोगों का
मृत्यु का

मैं
मनुष्य द्वारा बनाई गई
मनुष्यता को
लज्जित करता हूँ

मै
भगवान को हाज़िर-नाजिर मानकर
सच बोलने की
शपथ लेता हूँ
उत्तर देता हूँ

कि
मैं दो नज़रिया रखता हूँ
जो
दिखाई देता है
वह तुम हो

जो
अलख है
वह वो है
मध्य में
मैं हूँ
कभी व्यक्त
कभी अव्यक्त
सतत
लड़ता हुआ

तुम्हारे
रूप से
आडम्बर से
पाखंड से
गर्व से
मक्कारी से

सतत
कहता हुआ
कि
मुझे
धिक्कार है
इस
द्वन्द्व का
अन्त निकट है

क्योंकि
मेरे लिये
धीरे - धीरे
निरंजन हो रही हो
तुम।

24.

दूर तुम

मैं
सीधा था
समकोण की भुजाओं की तरह
ध्वज - दण्ड की तरह
टूटे तारे की चाल
की तरह

मेरी
सहजता
सरलता
सहिष्णुता
सहभागिता
के किस्से
चर्चित थे

मानवता
विनम्रला
उदारता
वक्तृता
कर्मठता
ज्ञान
भक्ति

और
विरक्ति की
सराहना होती थी

किन्तु
तुमसे
मिलने के बाद

मैं
तिर्यक हो गया
लोग अनबूझ हो गये
कंधों पर पंख उगे
उड़ता रहा

इस डाल से
उस डाल
इस देश से
उस देश
इस द्वीप से
उस द्वीप
इस लोक से
उस लोक
बहलियों के
विष-बुझे तीर से
शिकारियों के
मुश्किल जाल से
अनाचारियों के
पापग्रस्त पिंजरे से
कसाइयों की
सख्त पकड़ से
बचते हुए

धूल-भरे अंधड़ से
तीव्र वर्षा से
आग के बवंडर से
तप्त धूप से
कँपकँपाती ठण्ड से
डरते हुए
उड़ता रहा

इस किले से
उस कि ले तक
इस महल से
उस महल तक

किन्तु
तुम्हारे सन्निकट
जाने वाले
जितने द्वार थे
सब पर
खड़ा मिला
एक कंचुकी

जब
मैं
जमीन पर गिरा
थक कर
पराजित होकर
शक्तिहीन होकर

मेरे
पंख नदारद थे
मेरा एकमात्र शस्त्र
तितिक्षा

कुंठित
हो चुका था
मैंने पाया
कि लोग
मेरा परित्याग कर चुके हैं
मुझे
भूल गये हैं
और
तुम भी।

25.

पास तुम

मैं
खण्डहर हुए
मौन खड़े
पुराने क़िले से
नदी के उस पार तक
देख सकता हूँ

जहाँ
लटकी घटा
धरती को छू रही है
बिल्कुल काली
तुम्हारे घुँघराले केश की तरह

बालू के ढूहे पर
विचार मुद्रा में
आकाश की ओर मुँह किये
खड़ी है
मछुवारन

जहाँ
नंगे-अधनंगे बच्चे
घोंघे

सीपियाँ
एकत्र कर रहे हैं
कभी-कभी
एक-दूसरे से
लड़ रहे हैं

अर्घ्यदान कर चुका भक्त
अपनी फटी पोथी
संभाल रहा है
पन्ने-पन्ने
सहेजता हुआ
धारा-प्रवाह
तीव्र स्वर में
कुछ बाँच रहा है

जहाँ
रेशमी हवा
सुगन्ध विखेर रही है
चरवाहा
मौसम से खुश है
कमची लेकर
'हट्ट-हट्ट' करता हुआ
यहाँ-वहाँ
भाग रहा है

जहाँ
तरुण सन्यासी
ठण्डी रेत में
शान्त लेटा है
उसके पास बैठा
साधक
कोई योग साध रहा है

प्यासी हिरनी
वहीं- आस-पास
सुनसान घाट की
तलाश में है
पसीने से भीगा हुआ
नाविक
डोंगी बाँधने के लिये
खींच-तान कर रहा है
हाँफ रहा है

पुल पर खड़ा नौजवान
नीचे झाँक रहा है
तुम्हारे आँचल की तरह
मोड़ खाती लहरों पर
मुग्ध है

मैं
सुन सकता हूँ
दूर कहीं
कोई किसी को बुला रहा है

क्यों ऐसा लगता है ?
जैसे
तुम्हारा नाम ले रहा है

मेरे ठीक सामने
फूल-मालाओं की डलियाँ
एक के बाद एक
बहती हुई जा रहीं हैं

क्यों ऐसा लगता है?

जैसे
तुम्हारी हथेलियों
को छूकर आ रहीं हैं

कहीं
कोयल
निरन्तर बोल रही है
क्यों ऐसा लगता है?
जैसे
तुम
मुझे पुकार रही हो

जैसे
प्रकृति का ये श्रृंगार
तुम ही हो

यद्यपि नदी के प्रवाह में वेग है
मेरे पास
नौका नहीं है
तथापि
क्यों ऐसा लगता है?
जैसे
मैं
सरलता से
उस पार जा सकता हूँ
तुम्हारे लिये।

26.

प्राण तुग

मैं
तुम्हारी उपेक्षा की
तेज धार वाली कृपाण से
खण्ड नहीं हो सकता
जैसे
पानी
हवा
और
निष्पाप आकाश को
काटना
मुमकिन नहीं
वैसे ही
तुम्हारी
बेरुखी के तीर
मेरे
स्नेह-सिक्त मन की
तरंगों को
वेध नहीं सकते

अलबत्ता
तुम्हें दरकार है
सावधानी
सदाचार

संयम
संकोच
और संबल की

क्योंकि
रुप
और गुण
हर युग में
इन्सान से
धीरे-धीरे
गिद्ध में
बदलने वाले
लोगो द्वारा
घिरते हैं

जो
सहजता
सरलता
सौन्दर्य
और सलीकों को
खा-खाकर
खत्म करते हैं

यह भी कि
सर्दी की आग
जब
जलती है
दहकती है

लोग
उसे प्यार करते हैं
धुआँ बनने तक

बाद में
छोड़कर चले जाते हैं
वहाँ
बचती है
बुझी हुई
ठण्डी राख

हो सकता है
कि
तुम्हें जानकारी न हो
वस्तुतः
तुम्हारे
दुष्कर्मों का तक्षक
तुम्हारे भीतर
पल रहा है
बढ़ रहा है
तुम्हारी उम्र के साथ
किसी दिन
किसी क्षण
क्रूरता से
डंसने के लिये
तुम्हें।

27.
भक्ति तुम

मैं
बहुत अर्से बाद
ये
जान सका
कि
सुन्दर
एक ही है
वही
जो केवल है
और
वो तुम नहीं हो
जिसका
तुम्हें
अनृत नाज़ है

इस सनद पर -

तुम्हारे
उल्लास की तरह
उड़ते रंगों ने
तुम्हारे
अधरों की तरह
गुलाबी सुबह ने

तुम्हारे
रूप की तरह
गुनगुनी धूप ने

तुम्हारे शर्म की तरह
साँझ की
महावर ने

तुम्हारी
आँखों की तरह
तैरती
मछलियों ने

तुम्हारे
लटों की तरह
साँवले मेघों ने

तुम्हारी
हँसी की तरह
बिखरते
तारों ने

चाँद ने

पर्वत की उँचाइयों ने

संमुद्र की
आवारा लहरों ने
मचलती नदियों ने
ठहरी हुई झीलों ने
टहलती नावों ने
तपस्वीतटों ने

तुम्हारी
आवाज की तरह

बजती वंशियों ने
श्रृंगार के गीतों ने
मटकते पंछियों ने
तितलियों ने
तैरते हंसों ने
कलियों ने
फूलों ने
छाया ने
तरुओं ने
माया ने
मद ने

तुम्हारी
मुस्कान की तरह
फैली हरियाली ने

तुम्हारे
हठ की तरह
अन्तहीन मरुस्थल ने

तुम्हारे
दिमाग की तरह
ख़ाली
आकाश ने

मेरे
हृदय से निकलती
आग ने

और
जो
केवल सुन्दर ही नहीं
अकेला
सत्य भी है
उसने -

दस्तख़त
किये हैं।

28.

वैराग्य तुम

मैं
आकाश की स्लेट पर
तुम्हारे लिये
संदेश
लिखता हूँ
निःसन्देह
तुम
जहाँभी हो
इसे
पढ़ सकोगी

कि
मैं देखता हूँ
तुम्हारी
परछाई

जब
रंग-बिरंगी तितलियाँ
फूलों पर
कभी बैठती हैं
कभी आस-पास उड़ती हैं

हवायें

गुलाल उड़ाती हैं
कँवल
आँखों की तरह
खुलते हैं
खिलते हैं

जब
आसमान अमल
और
चाँद
पूरा होता है
वन में
मोरनी
कभी भागती है
कभी रुकती है
मुड़ कर देखती है

यह कि
मैं
अनुभव करता हूँ
तुम्हारा
मृदुल स्पर्श
जब
किनारे पर
रेत में अडिग
नाव
देखता हूँ

जो
स्वयं को
सुरक्षित रखने का
प्रयास करती है

किसी के लिये
किसी की प्रतीक्षा में

कभी
तुम
इस पर बैठकर
मेरे साथ
पानी की सतह पर
चलती थीं
मेरी
बातों को गौर से
सुनती थीं
मेरे
हाथों पर हाथ
रखती थीं

यह कि
मैं सुनता हूँ
तुम्हारी आवाज़

जब
शब्द
महकते हुए
उतरते हैं
और
मेरे
हृदय की चिट्ठी
नक्षत्रों तक
पहुँचाते हैं

जब
अतृप्त पपीहे

आस लगाये
वियोग के छन्द
रटते हैं
भौंरे
गुनगुनाते हैं

जब
पनघट पर जातीं
मुग्धा की
पायलें
छनकती हैं
जोगी के इकतारे से
मिलन के राग
निकलते हैं

चुप्प रातों में
वनदेवी
दादरा गाती है

यह कि
मैं लिखता हूँ
पीड़ा का
महाकाव्य
इस शहर में
आकर

जहाँ
भूलते गये
मन की किसी
अँधेरी गुफा में
चले गये

वो
पिता

जिनकी बेज़ान
बदरंग
आँखों से
गलकर
लगातार बहता रहा
मेरी
विफलता का पहाड़

माँ
जो
मुझ पर
अभिमान करती रही
खण्डित होने तक
मेरे लिये
कभी पूरे न होने वाले
सपने बुनती रही
अन्तिम साँस तक

आश्रित
जो
मेरे निकम्मेपन को
अपने
भूखे पेट में
पचाते हैं
और
निष्कपट
नाज़ुक
हृदय से
हर रात

मुझे
माफ़ करते हैं

पंछी
जो
मेरी कैद में
विवश
तड़पते हैं
तुतलाते हैं

ये सब
इसलिये
क्योंकि
शायद
यहीं - कहीं रहती हो
तुम भी।

29.

स्वर्ग तुम

तुम
समतल को
पसन्द नहीं करती
इसलिये
मैंने
अपने भीतर बनाये
ऊँचे पहाड़
ज्वालामुखी
गहरे समुद्र
शैवाल

तुम्हें
सत्व
पसन्द नहीं
इसलिये
मृत्यु की हथेली पर
रेंगते हुए
मैंने
महत् होने के
असत्त तमस में
महत्तम को
चुनौती देने की
धृष्टता किया

तुम्हें
पूर्णता
पसन्द नहीं
इसलिये
मैंने
अनादि
अनन्त
स्थिर
काल को
पल
घटी
दिन
सप्ताह
माह
और वर्ष में
बाँटने का
दुस्साहस किया
मैंने
अस्त्रों से
शस्त्रों से
क्षर के
अक्षर के
छोटे
बहुत छोटे टुकड़े किये

इन खण्डों के मध्य
स्मृतियों का
बहुरंगी दुशाला लपेटकर
मैं
अकेला रह गया

तुम्हें
यादें पालना,
पसन्द नहीं
इसलिये
मैंने
यादों की
पटरानियों को
एक-एक करके
अन्तःपुर से
बाहर निकाला
महारास के लिये
मेरे साथ
अन्तिम नृत्य के लिये

तुम्हें
मेरी संगत
पसन्द नहीं

इसलिये
महायुद्ध की समाप्ति पर
रणभूमि में व्याप्त शान्ति
जैसी दशा में
निर्वाण
और मुक्ति की
निरर्थक उपलब्धि
नामक
झूठी दिलासा
खुद को देते हुए
कठिनाई
एवं
असहय दुःख को सहते हुए
सबसे तेज

अकाट्य
व
अमोघ अस्त्र की मदद से
अपने से
अलग कर पाया
तुन्हें।

30.

अपवर्ग तुम

तुम
नहीं जानती थीं
किन्तु
ऐसा
प्रायः होता था
जब
तुम
अरदास के बाद
बाहर आती थीं
सड़के के किनारे
अपनी
छोटी-सी कार की ओर
चलती थीं
मैं
तुम्हें देखता था

तब
मेरे दिन
ज्यादा बोझल थे
मैं
जलते हुए लाक्षागृह से
बाहर निकलने का
मार्ग

ढूँढ़ रहा था

तुम्हारे शान्त
मुस्कुराते चेहरे से
आती थीं
नरम हवा
ठण्डी फुहारें
बर्फ की गुफायें

जब
तुम
ड्राइव करती थीं
यद्यपि
तुम्हारी दृष्टि
सीधी होती थी
किन्तु
मुझे
लगता था
कि तुम
मुझे
खोज रही हो

मुझे
लगता था
कि मैं
तुम्हारे पास बैठा हूँ
मौन

तुम
बातें कर रही हो
शहर के बारे में
बढ़ते

इन्सानों के बारे में
कम होते
वृक्षों के बारे में
खत्म हुए
जानवरों के बारे में

मेरे
स्पर्श से
तुम
क्रुद्ध हो
तुम्हारे
केशों के वज़न से
कंधे
कुछ झुके हुए हैं
मेरी
तेज होती साँसें
लयबद्ध
प्राणायाम
कर रही है।
तुम पर
धारित मन
तुम में
निमग्न होता है

तुम
खोती जाती हो
सागर के थमने पर
खोई हुई
लहरों की तरह

यद्यपि
दुःख

सम्भूत् होता है
ईष्या से
जैसे कि
मुझ में
काम से
जैसे कि
तुम में
मोह से
जैसे कि
मुझमें
गर्व से
जैसे कि
तुम में
लालसा से
जैसे कि
मुझ में
गुस्से से
जैसे कि
तुम में

किन्तु
मुझे
लगता है
कि
महज़
तुम्हारी
अनन्य चाहत की ईप्सा से
बहुत ज्यादा
दुःखी होता हूँ
मैं।